Das geheimnisvolle Leben der Tiere in den Bergen

CIP-Kurztitelaufnahme der Deutschen Bibliothek
Cuisin, Michel:
Das geheimnisvolle Leben der Tiere in den Bergen / Text: Michel Cuisin. Zeichn.: Pierre Probst. Dt. Bearb.: O. von Frisch. [Übers.: Sabine Hinkelbein]. – Esslingen: Schreiber; Wien: Österreichischer Bundesverlag.
Einheitssacht.: La vie secrète des bêtes dans les montagnes <dt.>
ISBN 3-480-13191-3 (Schreiber)
ISBN 3-215-01769-5 (ÖBV)

NE: Probst, Pierre:; Frisch,Otto von [Bearb.]

Autor und Titel der französischen Ausgabe:
Michel Cuisin, La vie secrète des bêtes dans les montagnes
Übersetzung: Sabine Hinkelbein
Umschlagentwurf: Creativ + Druck GmbH (Ulrich Kolb)

Satzherstellung: A–Z Fotosatz W. Grage, Filderstadt

Das geheimnisvolle Leben der Tiere in den Bergen

Text: Michel Cuisin
Deutsche Bearbeitung: Dr. O. von Frisch
Zeichnungen: Pierre Probst

Österreichischer Bundesverlag Wien

Der Schneehase

Der Mensch hat viele Erfindungen der Natur nachgemacht. So sind z.B. Skier oder Schneeschuhe Hilfsmittel, um in tiefem Schnee nicht einzusinken und sich besser fortbewegen zu können. Diese Ausrüstung hat der Schneehase von Natur aus: Seine Hinterläufe sind sehr groß und dicht mit Fell bewachsen. Sie messen ungefähr 14 cm in der Länge und 7 cm in der Breite. Besonders im Winter sind die Haare an den Läufen lang. So sinkt das Tier im Schnee kaum ein und kann ohne Mühe darauf laufen. Wenn der Hase noch die Zehen spreizt, wird die Trittfläche weiter vergrößert. Der Schneehase wechselt zweimal im Jahr sein Fell. Jeder Wechsel dauert etwa zwei Monate. Im Winter ist er weiß, im Sommer braungrau. Während der Übergangszeiten, April bis Mai und Oktober bis November, ist sein Fell gescheckt. Nur die Ohrspitzen bleiben stets schwarz. Die Tageslänge und die Temperatur bestimmen den Beginn des Fellwechsels. Durch die farbliche Anpassung an seine Umgebung ist der Schneehase besser vor Feinden geschützt. Das Winterfell ist auch beträchtlich dichter als das Sommerfell und hält die Kälte ab. Es kommen dann etwa 400 bis 700 Haare auf einen cm^2 Haut, während es im Sommer nur 200 bis 300 sind.

Der Schneehase ist in den Alpen, in den Pyrenäen und in einigen anderen europäischen Gebirgen verbreitet. Er kommt auch in Skandinavien, Rußland, Schottland und in Island vor. Hier lebt er auch im Flachland. In den deutsch-österreichischen und schweizerischen Alpen findet man ihn an der oberen Waldgrenze und auf Almen bis zu 3000 m Höhe. In strengen Wintern wandert er in tiefere Lagen. Auf seinen Wanderungen und bei der Nahrungssuche benutzt der Schneehase gerne bekannte Wechsel. Wenn er ruht, sitzt er geduckt in einer flachen Mulde, der sogenannten Sasse. Seinen Feinden, dem Adler, dem Hermelin und dem Fuchs entkommt der Schneehase, wie auch sein Verwandter, der Feldhase, durch schnelle Flucht und hakenschlagend. Eine Gefahr entdeckt er mit seinem Gehör und mit seinem guten Geruchsinn. Seine Augen sind zwar groß und gut entwickelt, doch nehmen sie vor allem Bewegungen wahr.

Länge: 65 cm (+ 6 cm Schwanz)
Gewicht: 3 bis 3,5 kg
Lebenszeit: etwa 8 Jahre

Der Schneehase wird in der Morgen- und Abenddämmerung munter. Seine Nahrung ändert sich mit der Jahreszeit. Im Frühjahr frißt er Krokusse und andere Blumen, die auf den Almwiesen blühen. Während des ganzen Jahres knabbert er Rinde, Zweige und Triebe von Weiden, Pappeln und Wacholdersträuchern. Außerdem frißt er Gräser, Flechten und Schneeheide, eine dem Heidekraut verwandte Pflanze.

Der Schneehase (rechts, unten und oben) unterscheidet sich vom Feldhasen (links), der mit ihm verwandt ist, durch seine etwas kleineren Maße und durch die Farbe seines Schwanzes. Beim Feldhasen ist der Schwanz auf der Oberseite schwarz. Sein Fell hat eine mehr gelblich-braune Färbung und er lebt mehr im Flachland.

Diese kleinen Hasen sind einige Tage alt. Im Unterschied zu den jungen Kaninchen sind ihre Augen offen, und sie haben schon ein dichtes Fell. Sie werden etwa im Mai geboren. In der Mitte des Sommers wirft die Mutter ein zweites Mal und säugt die Jungen 20 Tage lang.

Bei Gefahr bleibt der Schneehase zunächst unbeweglich in seiner Sasse oder in einem anderen Versteck. Wenn ein Feind zu nahe kommt, springt er so schnell als möglich davon. Im Tiefschnee hinterläßt er verwischte Abdrücke.

Die Gemse

Die Gemse ist ein hervorragender Kletterer. Höhenunterschiede von 1000 Metern bewältigt sie in kurzer Zeit. Sie ist dafür geschaffen, im Gebirge zu leben. Mit großer Leichtigkeit springt sie einige hundert Meter Abhang hinunter oder hinauf und findet mit ihren Hufen auch noch im steilsten Felsen halt. Auch der geübteste Bergsteiger würde hier vor Neid erblassen. Schon von weitem nimmt die Gemse den Menschen wahr und kann ihn auf 700 bis 800 m Entfernung wittern. Am liebsten halten sich die Gemsen in den Regionen der Almen und Latschen auf. Nur bei Gefahr gehen sie höher in felsiges Gelände. Im Winter allerdings wandern sie auch tiefer hinab und suchen Schutz in den Waldregionen. Hier finden sie bessere Nahrung und sind vor dem Wind und den Lawinen sicher. Doch lassen sich Unfälle nicht immer vermeiden. So manche Gemse wird durch Steinschlag oder Lawinen getötet. Auch Schmarotzer und Nahrungsmangel in der kalten Jahreszeit verursachen den Tod mancher Gemse. Der Steinadler schlägt die ganz jungen Kitze, wenn die Mutter einmal abgelenkt ist und nicht aufpaßt. Gemsen können sich neben ihrem Geruchsinn auch auf ihre Augen verlassen. Jede kleinste Bewegung im Gelände wird von ihnen wahrgenommen.

Sobald eine Gemse etwas Verdächtiges gemerkt hat, warnt sie ihre Artgenossen mit einem pfeifenden Laut.

Länge: 1,20 m (+ Schwanz 4 cm)
Höhe am Widerrist: 80 cm
Gewicht: 40 kg
Lebenszeit: bis etwa 12 Jahre

In der Regel hat die Gemse nur ein Junges. Die Jungen verschiedener Mütter spielen gerne miteinander. Dann folgen manchmal auch zwei Junge einer Mutter. Sofort nach der Geburt können die kleinen Gemsen mit ihren Müttern laufen. Sie tollen oft übermütig herum, wobei sie sich boxen und jagen. Sobald die Gemsen einen Menschen wahrnehmen, ergreifen sie alle die Flucht.

Die Hufabdrücke der Gemse sind etwa 6 cm lang. Die Schneeziege in den felsigen Gebirgen von Nordamerika (rechts) ist ein naher Verwandter der Gemse und gehört zur gleichen Familie.

Der Kontakt zwischen Muttertier und Kitz ist sehr eng. Für das Kitz ist es ungeheuer wichtig, stets dicht bei der Mutter zu bleiben, um nicht in Gefahr zu kommen. Erst zum Ende des Sommers nimmt diese enge Bindung ab. Jetzt können Mutter und Kind auch weiter voneinander entfernt sein. Die Mutter erkennt ihr Junges an dessen Eigengeruch. Stets führt eine alte, erfahrene weibliche Gemse ein Rudel an. Alle anderen Gemsen folgen diesem Leittier.

Die Paarungszeit der Gemsen, die Brunft, liegt im November und Dezember. In dieser Zeit gesellen sich die sonst alleine lebenden Böcke zu den Herden der Geißen und Kitze. Sie verpaaren sich mit mehreren Weibchen, und immer wieder kommt es zu Kämpfen zwischen alten Böcken. Hangauf und hangab über Fels und Schnee geht dann die Jagd, wenn ein Bock den anderen zu vertreiben sucht.

Der Große Panda oder Bambusbär

Die Zoologen des Zoos in Washington werden Hsing Hsing und Ling Ling nicht so leicht vergessen. Es waren zwei Bambusbären, die sie im Flugzeug von Peking nach Amerika brachten. Bei so einer Flugreise gibt es Probleme mit der Nahrung für die Pandas. Vier Chinesen begleiteten ihre amerikanischen Freunde. Diese chinesischen Zoologen hatten eine kunstvolle Mischung aus Reis, Maismehl, Zucker und Milchpulver im richtigen Verhältnis hergestellt. Im Verlauf des Fluges und während des Zwischenaufenthaltes in Guam gaben sie viele Ratschläge und berichteten über die Haltung der Pandas im Zoo. Dies war notwendig, da die Zahl der außerhalb des Pekinger Zoos lebenden Pandas sehr klein ist. Nur im Londoner und Moskauer Zoo gab es noch Pandas. Seit er im Jahre 1869 entdeckt wurde, hat er immer für Sensationen gesorgt. Allein seine schwarzweiße Färbung und sein plüschartiges Fell sind auffallend. Der Panda nimmt eine Zwischenstellung zwischen dem Braunbären und dem Waschbären ein. Seine Lebensweise in der freien Natur kennt man kaum. Nur in Gefangenschaft konnte man sein Verhalten etwas erforschen.

In der freien Wildbahn findet man den Panda in mehreren Bergketten der chinesischen Provinzen Sseu-tch'ouan, Sin-Kiang und Kan-sou. Weiter nach Westen hat man ihn im östlichen Tibet auf dem Plateau des Ts'ing-hai beobachtet, aber dorthin kommt er vermutlich nur im Sommer.

Die Hauptnahrung des Panda besteht aus Bambusschößlingen und Blättern. Daneben frißt er verschiedene Almpflanzen wie Schwertlilien, Krokusse, Enzian und Gräser. Manchmal ergänzt er seinen Speiseplan durch Fische, Nagetiere und Insekten. Täglich verbringt der Panda 10 bis 12 Stunden damit, Nahrung zu suchen und zu fressen. Er gehört zu den seltensten Tieren der Welt. Der Weltnaturschutzbund, World Wildlife Fund, hat ihn zu seinem Wappentier gewählt. Dieser World Wildlife Fund ist eine Organisation, die sich für bedrohte Tierarten und deren Lebensräume einsetzt.

Länge: 1,20 m bis 1,50 m (+ Schwanz 15 cm)
Gewicht: 75 kg bis 160 kg
Lebenszeit: unbekannt

Der Pandabär hält sich mit Vorliebe im Bambuswald auf. Dort findet er seine Nahrung. Neben den Wurzeln der hohen Bambusstauden mag er besonders Bambussprossen mit nicht mehr als 15 mm Durchmesser. Seine Vorderpfoten kann er fast zu einer Faust schließen. Damit lassen sich die Bambusstauden gut festhalten.

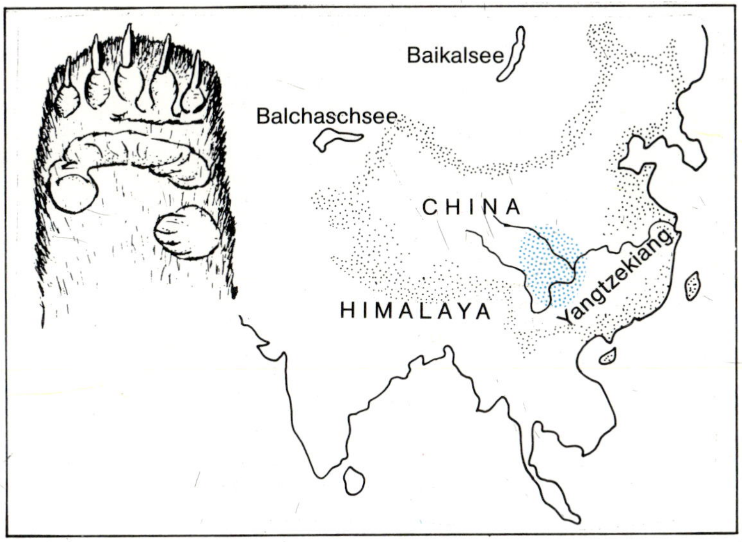

Die Karte zeigt das Verbreitungsgebiet des Großen Panda. Bei einem so kleinen Lebensraum ist es besonders notwendig, daß die Tiere unter strengstem Schutz stehen. Auf der Unterseite der Pfoten sieht man fünf Finger.

Im allgemeinen ist der Große Panda ein Einzelgänger. Die Paarungszeit liegt im Frühjahr. Die Geburt der kleinen Bären erfolgt dann im Januar des darauf folgenden Jahres. Das Weibchen bringt ein oder zwei Junge zur Welt, die etwa zwei Kilo wiegen. Erst vom vierten Lebensjahr an sind die Pandas fortpflanzungsfähig.

Der Große Panda hält keinen Winterschlaf. Wenn das Wetter sehr schlecht ist, sucht er Schutz in Felsspalten und anderen Höhlen. Den größten Teil seines Lebens verbringt er auf dem Boden. Aber wird er z. B. von Hunden verfolgt, so kann er auch Bäume erklettern.

Das Alpenschneehuhn

Ob im Sommer oder Winter, das Schneehuhn ist immer sehr schwer zu entdecken. Wie der Schneehase sein Fell, so wechselt das Alpenschneehuhn zweimal im Jahr sein Federkleid. Und wie beim Schneehasen vergrößern sich im Winter die Trittflächen seiner Zehen. An ihnen wachsen dann lange Federn, die das Einsinken im Schnee verhindern. Im Winter trägt das Alpenschneehuhn bis auf die schwarzen Schwanzfedern ein weißes Gefieder. So ist es der Schneelandschaft hervorragend angepaßt. Bei der Mauser im Frühjahr bleiben die Flügel und die Bauchseite weiß, am übrigen Körper wachsen braungraue Federn. Bei zusammengelegten Flügeln wirkt der Vogel im großen und ganzen braun und paßt sich damit der sommerlichen Landschaft an. Das Schneehuhn lebt in den Alpen zwischen 2000 und 3600 m Höhe. In Europa ist das Alpenschneehuhn der einzige Hühnervogel des Hochgebirges. Es kommt in noch höheren Lagen vor als etwa das Birkhuhn oder das Steinhuhn. Seine bevorzugten Aufenthaltsorte sind die Hänge und Matten, auf denen noch Schneereste liegen. Es ernährt sich hauptsächlich von pflanzlicher Kost.

Die Jungen dagegen brauchen in den ersten Lebenstagen vor allem tierische Nahrung wie Insekten oder Spinnen.

Länge: 36 cm
Gewicht: 450 g
Flügelspannweite: 60 cm
Lebenszeit: etwa 10 Jahre

Im Gegensatz zum Birkhuhn und zum Auerhuhn lebt das Alpenschneehuhn in der Brutzeit paarweise. Zur Paarungszeit balzen die Hähne mit aufgeplusterten Federn, abgespreizten Flügeln und lauten Rufen um die Weibchen. Gleichzeitig tun sie damit kund, daß sie ihr Brutrevier besetzt haben.

Der lateinische Name für das Schneehuhn »Lagopus« bedeutet wörtlich »Hasenfuß«. Die Federn, die die Zehen im Winter umgeben, erklären diesen Namen. Im Frühjahr werden die roten Hautwülste über den Augen des Hahnes sehr dick. Im Winter verbringt das Schneehuhn die Nacht oft in einer Höhle, die es in den Schnee gegraben hat.

Unter einem Busch oder einem großen Stein hat das Schneehuhnweibchen ein Nest aus Wurzeln, Gräsern, Blättern und Moos vorbereitet. Im Mai oder Juni legt es dort 6 bis 9 Eier, auf denen es 22 Tage brütet. Nach dem Schlüpfen können die Küken sofort ihrer Mutter folgen.

Im Winter bilden 4 bis 10 Schneehühner eine Gruppe, die ihre Nahrung dort sucht, wo die Schneedecke nicht zu hoch ist. Die Schneehühner bleiben auch in der Nacht beisammen. Gemeinsam kauern sie im Schnee oder ducken sich in einer windgeschützten Mulde.

Die Forelle

Von der Forelle gibt es verschiedene Rassen. Je nachdem, ob diese Rassen in Flüssen, Seen oder im Meer leben, sind sie kleiner oder größer. Die Form ihres Körpers zeigt unterschiedliche Ausbildung. Auch im Gewicht sind die einzelnen Rassen unterschiedlich. Im Vergleich zur Bachforelle ist die Seeforelle ein wahrer Riese. Ihr Gewicht ist bis zu zehnmal größer. Unterschiede finden sich auch in der Lebensweise dieser beiden Rassen. Die Bachforelle bleibt Zeit ihres Lebens einem bestimmten Gewässerabschnitt treu. Die Meeresforelle unternimmt jedes Jahr Wanderungen vom Salzwasser zu den Flüssen, in denen sie sich fortpflanzt. Wenn im Winter die Bäume kahl werden und der Schnee die Wiesen bedeckt, wenn es keine Insekten und keine Blumen mehr gibt, scheint alles Leben erstorben zu sein. Aber in den Bächen ist jetzt die Paarungszeit der Forellen. Sobald in einen Bach Abwässer eingeleitet werden und ihn verschmutzen, gehen die Bachforellen zugrunde oder sie müssen abwandern. Von 2000 m Höhe bis in tiefere Tallagen bewohnen die Forellen die klaren Bäche. Nur noch wenige andere Fischarten, wie die kleine Elritze oder die meist unter Steinen verborgene Koppe, kommen im gleichen Lebensraum vor.

Die Forellen laichen im Winter. Das Weibchen sucht sich dabei einen geeigneten Platz, schafft durch Schlagen mit der Schwanzflosse eine flache Vertiefung im Sand oder Kies und legt die Eier ab. Unmittelbar darauf befruchtet das Männchen mit seinem Samen die Eier. Da die Eier schwerer als Wasser sind, bleiben sie auf dem Grund zwischen den Kieselsteinen liegen. Nach einigen Wochen schlüpfen die Jungen.

Die Seeforellen leben in klaren Gebirgsseen oder auch in den Bächen und Flüssen, die mit dem See verbunden sind. Ihr torpedoförmiger Körper bietet dem Wasser wenig Widerstand. Dadurch sind die Forellen in der Lage, auch in starker Strömung an Ort und Stelle zu bleiben und nicht abgetrieben zu werden.

Länge: von 0,50 bis 1 m
Gewicht: 1 bis 15 kg
Lebenszeit: 5 Jahre und mehr

Als Raubfisch ernährt sich die Forelle von lebender Beute. Jungtiere nehmen vor allem Wasserinsekten oder deren Larven und Jungfische. Auch Insekten, die auf die Wasseroberfläche fallen, werden geschnappt. Größere Forellen jagen dann vor allem Fische. Im Maul der Forelle stehen zahlreiche spitze Zähne, die dem Fang und dem Festhalten der Nahrung dienen.

Die in Europa heimische Bachforelle (oben) unterscheidet sich von der aus Nordamerika eingeführten Regenbogenforelle (unten) durch schwarze und rote Punkte an den Körperseiten. Regenbogenforellen zeigen ein rot-violettes Längsband auf der Körperseite.

Im Lauf ihres Lebens ändert sich die Gestalt der Forelle. Hier sind drei Stadien gezeichnet. Nach dem Ausschlüpfen aus dem Ei hat jeder kleine Fisch einen Dottersack, von dessen Inhalt er sich in den ersten Lebenstagen ernährt. Dieser Dottersack wird kleiner und kleiner, bis er schließlich ganz verschwindet. Allmählich erinnert die Gestalt der jungen Forelle an die der erwachsenen Tiere.

Wenn die Bachforelle ausgewachsen ist, wird sie zum Einzelgänger und bezieht in ihrem Bach einen festen Standort. Hier kennt sie genau die einzelnen Felsen und Versteckmöglichkeiten. Sie kennt die Strudel und die ruhigen Becken, und bei Gefahr verschwindet sie sofort im nächstgelegenen Unterschlupf.

Das Vikuna

Bei den Vikunas lebt stets ein ausgewachsenes Männchen mit einer Gruppe von Weibchen und Jungtieren zusammen. Junge heranwachsende Männchen werden, wenn sie von der Mutter entwöhnt sind, aus der Herde vertrieben. Erst wenn ein altes Männchen krank oder schwach wird, kann es von einem jüngeren verjagt werden und muß seinen Platz einem anderen überlassen. Die aus der Gruppe vertriebenen jungen Männchen müssen versuchen, sich eine eigene Herde zu erkämpfen. Vikunas leben in den Anden Südamerikas. Dort halten sie sich in einer hügeligen Graslandschaft in Höhen zwischen 3500 und 5700 m auf. Diese Landschaft heißt die »Puna«. Vikunas haben sich gut an das Leben im Hochgebirge angepaßt. Sie waren früher weit verbreitet, und man schätzte ihre Zahl auf eine Million Tiere. Aber vor einigen Jahren gab es nur mehr 150 000. Vikunas waren massenhaft wegen ihres Felles verfolgt und getötet worden. Aus dem Fell kann man eine der feinsten Wollen der Welt herstellen. Inzwischen sind sie teilweise unter Schutz gestellt, und ihre Zahl ist wieder angestiegen.

Die Vikunas leben in kleinen Gruppen. Sie bestehen aus einem männlichen Tier und etwa 6 bis 8 Weibchen, die von ihren Jungen begleitet werden.

Jede Vikunagruppe beansprucht ein Gebiet von 10 bis 35 ha, auf dem die Tiere tagsüber weiden. Abends ziehen sie sich auf die Höhen zurück, um zu schlafen. Die Männchen verteidigen ihr Gebiet und markieren dessen Grenzen mit Kothäufchen. Die aus den Herden abgewanderten jungen Männchen finden sich in sogenannten Junggesellenclubs von 15 bis 25 Tieren zusammen. Erst wenn sie fortpflanzungsfähig sind, trennen sie sich von den anderen, um eine eigene Herde zu gründen.

Länge: 1,50 m (+ 15 cm Schwanz); Höhe: 80 cm
Gewicht: 35 bis 65 kg; Lebenszeit: 15 bis 20 Jahre

Hier befinden sich zwei Herden an den Grenzen ihres jeweiligen Weidegebietes. Die männlichen Tiere nähern sich einander mit erhobenem Kopf. Weicht keiner zurück, so kommt es bald zum Kampf, der unter Beißen und Stoßen ausgetragen wird. Das unterlegene Männchen muß sich schließlich mit seiner Herde zurückziehen.

Mit dem Vikuna verwandt ist das Guanako (Mitte). Es lebt ebenfalls in Südamerika, sowohl in tieferen Lagen als auch im Gebirge. Das Guanako ist die wilde Stammform des Lamas (rechts), das als Haustier gehalten wird. Ein zweites Haustier, das Alpaka (links) stammt vom Vikuna ab.

Im Februar bringen die weiblichen Tiere ein Junges zur Welt. Bereits eine Viertelstunde nach der Geburt kann das Junge aufstehen und der Mutter folgen. Während der ersten 8 Wochen verläßt das Junge seine Mutter nie und schläft dicht an ihrer Seite.

Ein Männchen führt seine Herde auf eine Wiese zum Weiden. Auch die jungen Tiere nehmen neben der Muttermilch bald Gräser und Kräuter als zusätzliche Nahrung auf. Anhaltende starke Regenfälle können zur Unterkühlung neugeborener Junger und zu deren Tod führen.

Der Kondor

Der Kondor lebt in den Anden von Venezuela bis Feuerland. Auf seinen gewaltigen Schwingen gleitet er durch die Lüfte von Meereshöhe bis hinauf auf 5000 m und höher. Schon im 19. Jahrhundert sah ihn der deutsche Gelehrte Alexander von Humboldt über den Hängen des Chimborazo in einer Höhe von etwa 7000 Metern. Sehr selten fliegen andere Vögel in solcher Höhe. In den nördlich von Peru gelegenen Ländern hält sich der Kondor vorwiegend an den Küsten auf, die vom kühlen Humboldtstrom berührt werden. Im Norden von Kolumbien und in Venezuela findet man ihn selten. Je weiter man nach Süden kommt, umso häufiger kann man ihn antreffen. Der Kondor lebt in der Regel alleine, nur in der Brutzeit paarweise. Selten bildet er mit anderen Vögeln eine Gruppe von mehreren Dutzend Tieren.

Ein deutliches Merkmal dieses Vogels ist sein nackter, rötlicher Kopf und ein ebenfalls nackter Hautkamm am Kopf über dem Schnabel. Beim ausgewachsenen Tier mißt er etwa 4,5 cm in der Höhe und 10 cm in der Länge. Er ist bereits beim Jungvogel zu erkennen, entwickelt sich aber mit zunehmendem Alter immer stärker. Jungvögel haben zunächst ein gleichmäßig braun-schwarzes Gefieder mit einer schwärzlichen Halskrause.

Erst nach vier Jahren beginnt sich diese Halskrause weiß zu verfärben. Nach fünf Jahren werden auch die Schultern und ein Teil der Flügel weiß. In der Paarungszeit unterscheidet sich der männliche Kondor vom weiblichen durch nackte häutige Halslappen, die seitlich herabhängen. Wenn das Männchen erregt ist, färben sich diese Lappen leuchtend rot. Das weibliche Tier ist kleiner und besitzt keinen Kamm. Seine Iris ist rot, die des Männchens braun. Die Horste dieser Vögel liegen an den steilen Felsenküsten, die zum Meer hin abfallen.

Länge: 1 m
Gewicht: 12 kg
Flügelspannweite: fast 3 m
Lebenszeit: 68 Jahre in Gefangenschaft

Als Aasfresser sucht der Kondor vor allem die Kadaver großer Tiere. Das sind zum Beispiel verendete Vikunas, Schafe und Lamas. Nur äußerst selten und wohl nur dann, wenn er sehr hungrig ist, greift er auch noch lebende Tiere an. In den Kolonien von Kormoranen und anderen Meeresvögeln, die auf den der peruanischen Küste vorgelagerten Inseln brüten, findet er ebenfalls Nahrung.

Die erwachsenen Kondorweibchen und die Jungvögel haben noch keinen fleischigen Kamm. Die Flügel des alten Vogels zeigen einen großen weißen Fleck, der von den Federn der Armschwingen gebildet wird.

Der Kondor brütet nur alle zwei Jahre, denn die Aufzucht der ein oder zwei Jungen dauert sehr lange. In Chile liegt die Brutzeit im September oder Oktober. Die Altvögel bringen die Nahrung für die Jungen herbei. Mit sechs Monaten sind die Federn der Jungen soweit ausgebildet, daß sie fliegen können. Aber noch bis zum Alter von zwei Jahren bleiben sie in Gesellschaft der Eltern.

Wie alle Geier ist der Kondor ein ausgezeichneter Segler. Besonders im Aufwind an den Berghängen kann er lange Zeit ohne Flügelschlag seine Bahnen ziehen. Während er kreist, beobachtet er ständig das Land unter sich, um ein Aas zu entdecken.

Der Tannenhäher

Zugvögel haben einen ausgezeichneten Orientierungssinn. Die Möglichkeit, bekannte Plätze wieder zu finden, ist aber auch für solche Vogelarten wichtig, die sich für den Herbst und Winter Nahrungsvorräte anlegen. Zu diesen Vögeln gehört der Tannenhäher. Nüsse oder Eicheln, die er versteckt, findet er in 86 von 100 Fällen wieder, auch wenn sie im Winter vom Schnee bedeckt sind. Der Tannenhäher ist ein Vertreter der Sperlingsvögel und mit den Krähen verwandt. In Europa bewohnt er die Wälder zwischen 800 und 2000 m Höhe. Dort verbringt er sein ganzes Leben. Die Tannenhäher der russischen und sibirischen Wälder machen von Zeit zu Zeit lange Wanderungen nach Westen. Wahrscheinlich werden diese Wanderungen durch Nahrungsmangel in den Heimatgebieten ausgelöst. Die sibirischen Tannenhäher tauchen dann auch in den norddeutschen Tiefebenen auf. Sie sind wenig scheu und lassen den Menschen recht nahe an sich herankommen. Weit mißtrauischer sind die heimischen Artgenossen. In der Färbung unterscheiden sich diese Rassen nicht. Einziger Unterschied: Die sibirischen Tannenhäher haben einen dünneren Schnabel.

Im Herbst, wenn die Nüsse reifen, legen sich die Tannenhäher Verstecke an. Zwischen 3 und 9 Nüsse oder auch Eicheln werden bis zu 4 cm tief zusammen an einem Ort in den Boden gesteckt. Ähnlich macht es auch der Eichelhäher. Die Stimme des Tannenhähers ist ein lauter rätschender Ruf, der ebenfalls dem Ruf des Eichelhähers ähnelt. Besonders im Herbst sind diese Rufe oft zu vernehmen, während der Tannenhäher in der Brutzeit heimlich, leise und scheu ist.

Länge: 33 cm
Gewicht: 200 g
Flügelspannweite: 55 cm
Lebenszeit: etwa 10 Jahre

Der Tannenhäher bevorzugt neben Nüssen die Samenkörner der Kiefer. Er hält sich daher gerne in den Gebieten der oberen Waldgrenze auf, in denen diese Bäume wachsen. Er bricht einen Zapfen vom Ast und löst dann mit dem Schnabel den Samen heraus. Auch diese Samenkörner können vom Tannenhäher versteckt werden. In seinem Kropf haben bis zu 90 Samenkörner gleichzeitig Platz.

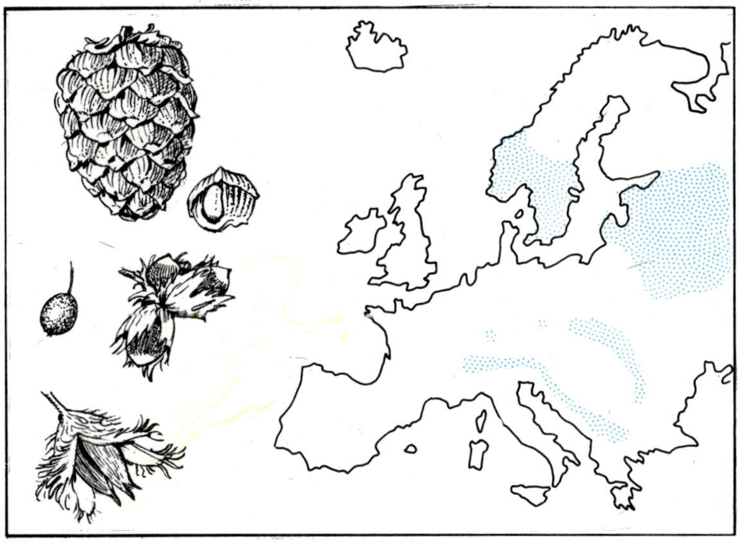

In Rußland und im hohen Norden ist der sibirische Tannenhäher weit verbreitet. In West- und Mitteleuropa kommt er hauptsächlich in den Alpen vor. Links einige Bestandteile der Nahrung des Tannenhähers: Bergkiefersamen, Beeren, Haselnüsse und Bucheckern (von oben nach unten).

Im März baut der Tannenhäher sein Nest nahe am Stamm eines Nadelbaumes in einer Höhe zwischen 4 und 15 m. Es ist aus kleinen Zweigen und Flechten gebaut. Das Innere ist mit trockenen Gräsern, Moos, Halmen und Federn ausgelegt. Das fertige Nest hat etwa 35 cm Durchmesser.

Eine Lieblingsspeise des Tannenhähers im Herbst sind Haselnüsse, im Sommer Insekten, Würmer und Weichtiere. Auch die Jungen werden mit Insekten aufgezogen.

Der Steinbock

Ende des vergangenen Jahrhunderts waren die Steinböcke in den europäischen Alpen fast ausgerottet. Im Mont Blanc-Massiv wurden die letzten Steinböcke bereits 1870 abgeschossen. Schließlich ordnete der damalige italienische König, beunruhigt durch die starke Abnahme dieser schönen Tiere, die Errichtung eines Reservates in Piemont an. Der Nationalpark Grand Paradiso, der sich an den Nationalpark La Vanoise anschließt, ist seit einigen Jahrzehnten der Zufluchtsort für den Steinbock. La Vanoise wurde 1968 gegründet. Nach seiner Rettung durch die Italiener wurde der Steinbock allmählich wieder in Gebieten ausgesetzt, in denen er früher heimisch war. Dazu gehören die Schweizer Alpen in der Umgebung von Bern und in Frankreich das Massif de la Vanoise. Jahrhunderte lang war der Steinbock verfolgt und gejagt worden. Heute sorgen Schutzmaßnahmen dafür, daß seine Bestände erhalten bleiben. Aber er gehört immer noch zu einem seltenen und längst nicht überall in den Alpen vorkommenden Wild.
Will man Steinböcke beobachten, muß man sich ihnen vorsichtig und langsam gegen den Wind nähern. Steinböcke können nicht sehr gut sehen. Bei allem, was sich in mehr als 50 m Entfernung abspielt, vertrauen sie vor allem auf ihren Geruchsinn. Sie unterscheiden sich von der Gemse nicht nur durch ihren Körperbau: Im Winter verläßt der Steinbock die Alpenregionen nicht und zieht sich nicht in die Wälder zurück. Er ist auch in der Wahl seiner Nahrungspflanzen nicht so wählerisch wie die Gemse. Steinbockmännchen und Steinbockweibchen, Bock und Geiß, lassen sich sehr leicht unterscheiden. Die Männchen wiegen fast doppelt soviel wie die Weibchen und tragen zwei lange Hörner, die auf der Vorderseite Wulste aufweisen. Die Hörner der Weibchen sind nicht länger als 25 cm und rundum mehr oder weniger glatt.

Länge: 1,30 bis 1,50 m (+ 12 cm Schwanz)
Gewicht: 75 bis 100 kg
Schulterhöhe: 68 bis 85 cm
Länge der Hörner: 70 bis 90 cm (beim Männchen)
Lebenszeit: mindestens 10 Jahre

Im Fels ist der Steinbock ein ebenso guter Kletterer wie die Gemse, obwohl er einen wesentlich schwereren Körperbau hat. Ein starkes männliches Tier wiegt gut doppelt soviel wie eine Gemse. Auf den ersten Blick macht der Steinbock einen schwerfälligen Eindruck. Seine Sprungsicherheit ist aber so groß, daß er praktisch niemals sein Ziel verfehlt.

Der Steinbock (links) hat verwandte Arten in eurasischen Gebirgen. Die Bezoarziege (Mitte) ist eine Steinbockart, die auf dem Balkan lebt. Das Markhornschaf (rechts) kommt aus dem Himalaya. Unten die Hufe des Steinbocks.

Wie die Ziegen haben die Steinböcke fast stets nur ein Junges pro Jahr. Die Geburt findet im Juni statt. Die Brunftzeit der Steinböcke liegt im Dezember oder Januar. Die Jungen leben in Rudeln mit ihren Müttern zusammen. Sie spielen miteinander und üben sich schon frühzeitig für spätere Kämpfe oder Fluchten.

Der Steinbock ist kein Tagtier wie die Gemse. Erst am Abend klettert er auf die Almen hinunter, um zu weiden. In der Morgendämmerung steigt er wieder zu den felsigen Gipfeln hinauf und verbringt den Tag mit Wiederkäuen und Schlafen.

Mit Vorliebe hält er sich auf grasbewachsenen Felsterrassen auf. Im Winter begibt er sich auf die Hänge, von denen der Wind den Schnee fortgeblasen hat.

Der Alpensegler und der Mauerläufer

Mit seinen sichelförmigen Flügeln flitzt der Alpensegler, ein Verwandter des in unseren Städten heimischen Mauerseglers, ohne Mühe mit 100 km/h durch den Himmel. Er erreicht sogar Spitzengeschwindigkeiten von 200 km/h. So spielen für diesen Vogel auch große Entfernungen kaum eine Rolle. Damit seine Flügelmuskeln eine derartige Arbeit leisten können, muß der Alpensegler große Mengen von Insekten aus der Luft fangen. Sein Schnabel, der vorne zierlich und kurz erscheint, kann weit geöffnet werden und wird zum Fangen der Insekten wie ein Netz benützt. Wenn Junge gefüttert werden müssen, bringen die Alpensegler ganze Schnabelladungen voll Insekten zum Nest. Der Alpensegler lebt in den Bergen und in eingeschnittenen Tälern, wo ihm die Felswände, Spalten und Höhlen Plätze zum Übernachten und für sein Nest bieten. Er ist ein Zugvogel, der den Winter im tropischen Afrika verbringt. Weil im europäischen Winter keine Insekten fliegen, würde er hier keine Nahrung finden. Etwas später als der Mauersegler bricht der Alpensegler zur Wanderung nach dem Süden auf und kommt etwas früher wieder in seine Brutgebiete zurück. Auch ist er etwas größer als der Mauersegler.

Rot leuchten die Flügel des Mauerläufers, wenn sie ausgebreitet werden. In zusammengefaltetem Zustand ist nichts von dieser Farbenpracht zu sehen.

So entdeckt man den Mauerläufer auch meist nur dann, wenn er von einer Felswand abfliegt oder wenn er spielerisch seine Schwingen auf- und zuklappt. Im 19. Jahrhundert nannte ihn der schweizer Biologe Girtanner eine »lebende Alpenrose«.

Alpensegler:
Länge: 22 cm
Gewicht: 100 g
Flügelspannweite: 55 cm
Lebenszeit: etwa 8 Jahre

Mauerläufer:
Länge: 17 cm
Gewicht: 18 g
Flügelspannweite: 26 cm
Lebenszeit: etwa 8 Jahre

Der Alpensegler ist ein geselliger Vogel. Er nistet in Kolonien und baut sein Nest in einer Felsspalte auf einem Felsvorsprung. Dort sucht er Grashalme und verbindet sie mit seinem klebrigen Speichel. Abends hängen alle Vögel der Kolonie am Fels und ruhen sich aus. Wie die Schwalben, mit denen die Segler aber nicht verwandt sind, trinken die Alpensegler im Flug. Mit hochgehaltenen Flügeln streifen sie über die Oberfläche eines Sees, nehmen dabei Wasser in den Schnabel auf und steigen wieder hoch in den Himmel.

Der Mauerläufer führt im Winter ein Einzelgängerdasein und hält sich von seinen Artgenossen fern. Am Fuß der Hänge und Felsen streift er umher. Jungvögel entfernen sich manchmal mehrere 100 km von ihrem Geburtsort. Im Winter sieht man sie auch an Kirchtürmen, Schloßmauern und Ruinen.

Wie man auf der Karte erkennen kann, ist der Alpensegler ein Vogel des Mittelmeerraumes. Der Mauersegler dagegen nistet auch in nördlichen Ländern. Die Segler haben sehr kurze Schnäbel und sehr kurze Füße. Manchmal nisten Mauersegler und Mauerläufer in der gleichen Felswand.

Das Mauerläuferweibchen baut sein Nest in einer Felshöhle, meist in der Nähe eines Baches. Das Nest liegt 30 bis 40 cm entfernt von der Höhlenöffnung und besteht aus Moos, Flechten, Gräsern, Wurzeln und Tannennadeln. Das Innere ist mit Wolle und Federn weich ausgepolstert.

Der Yak

Auch wenn bei 30° unter Null der Schneesturm wütet, macht dies dem Yak nichts aus. Kein anderes Tier würde sich in diesen Sturm hinauswagen. Er ist geschützt durch seine langen Haare, die beinahe die Erde berühren. Auf schneefreien Abhängen sucht er nach Flechten und Gräsern. Fast unberührt von der entfesselten Natur weidet er friedlich. Dann sucht er gesättigt einen geschützten Ort auf, um dort zu ruhen.

Der Yak ist gekennzeichnet durch eine niedrige, lange und massive Gestalt. Auf den ersten Eindruck wirkt er schwerfällig, das ist jedoch ein Irrtum. Er ist ein ausgezeichneter Kletterer und hält sich meist auf Höhen zwischen 3000 und 5000 m auf. Auch über 6000 m wurde er schon beobachtet. Sein ganzes Leben spielt sich in einer öden und einsamen Umgebung ab: auf Hochebenen mit Seen und Sümpfen, die von Abhängen unterbrochen werden.

Der Yak hat – wie der Moschusochse der arktischen Länder – lange Haare auf den Schultern und am Bauch, die bis zu 60 cm Länge erreichen. Seine Hufe sind hart und breit und ermöglichen ihm auch das Laufen auf sumpfigem Gelände. Die Hörner des männlichen Tieres sind etwa 90 cm lang, und ihr Umfang beträgt am Kopf bis zu 40 cm. Die Anzahl der wilden Yaks ist durch Jagd beträchtlich verringert worden. 1964 schätzte man die Zahl der Yaks im Norden von Tibet auf 3000 bis 8000 Stück. Schon seit dem 19. Jahrhundert wurde der Yak von den Hirten, die Nahrung für ihre Herden brauchten, zurückgedrängt. Heute lebt er zwischen dem Pamir und dem Baikalsee. Weitere Tiere findet man zwischen dem Karakorum und dem Osten Tibets. Die männlichen Yaks leben in Gruppen von zwei bis drei Tieren. Die Weibchen und die Jungen bilden Herden von 20 bis 200 Stück.

Länge: 3,65 m — Schulterhöhe: 1,60 m
Gewicht: 500 kg — Lebenszeit: 32 Jahre

Ständig muß der Yak auf der Wanderschaft sein. Die Pflanzen, von denen er lebt, Gräser und Flechten, wachsen auf großer Höhe nur sehr spärlich. Im Juli kommt der Yak in die Täler, um das Sumpfgras zu weiden. Im August und September, den heißesten und regenreichsten Monaten, steigt er hinauf bis zur Schneegrenze, wo es kühler ist. Er trinkt aus Bächen und Torflöchern. Wenn er genug Nahrung aufgenommen hat, legt er sich nieder, um zu ruhen und wiederzukäuen.

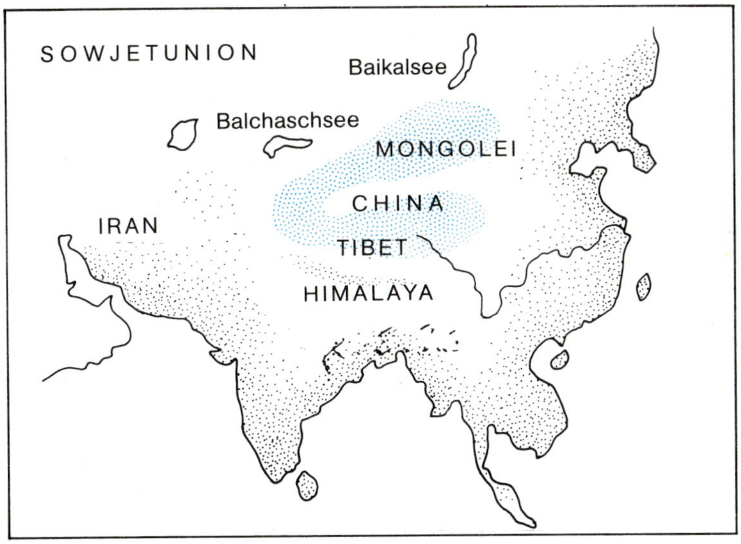

Der Yak ist nur in Zentralasien verbreitet. Bis vor kurzem glaubte man noch, er habe niemals außerhalb der UdSSR existiert. Aber vorgeschichtliche Knochenfunde zeigten, daß er einst auch weiter verbreitet war.

In der Paarungszeit zwischen September und Oktober kommt es häufig zu Kämpfen zwischen den männlichen Tieren. Das Kalb wird im Juni des darauf folgenden Jahres geboren und bleibt ein Jahr bei der Mutter. So bringen die Yak-Weibchen nur alle zwei Jahre ein Junges zur Welt. Mit etwa acht Jahren ist der Yak ausgewachsen.

Schon seit vielen Jahrhunderten wird der Yak vom Menschen gezähmt. Besonders von den Tibetanern wird dieses Bergtier wegen seiner Widerstandsfähigkeit und seiner Folgsamkeit geschätzt.
Zur Zeit gibt es mehr zahme Yaks, die vom Menschen als Haustier genutzt werden, als wilde, freilebende Tiere.

Der Steinadler

Schon seit langer Zeit gilt der Adler als ein Symbol der Macht. So ist er auch auf dem Wappen vieler Länder abgebildet. Die Kraft, die man ihm zuschrieb, ist allerdings übertrieben. Lange Zeit gab es alle möglichen phantastischen Gerüchte über den Adler. So hat man behauptet, er könne Beute davontragen, die viel schwerer ist als er selbst. Doch das ist falsch. Ein Adler, der ein 4,4 kg schweres Lamm getötet hatte, mußte es wenig später fallen lassen. Ein anderer ließ einen 11 kg schweren Hund nach 100 m zu Boden stürzen. Eine Gruppe von schweizer Skifahrern beobachtete einen Adler, der eine junge Gemse in den Fängen hielt und mit ihr davonflog. Die Gemse lebte noch und wehrte sich. Als der Vogel an Höhe gewonnen hatte, ließ er plötzlich die Beute fallen. Möglicherweise war er auch durch die Schreie der Zuschauer erschrocken und verängstigt. Vielleicht konnte er aber die etwa 10 oder 11 kg schwere Gemse nicht weitertragen. Immerhin gehören junge Gemsen zur Beute des Steinadlers. Daneben schlägt er Murmeltiere, Schneehasen und Alpenschneehühner. Im Winter ernährt er sich auch von verendeten Tieren, die durch Nahrungsmangel oder Lawinen zu Tode gekommen sind. Der Adler spielt eine wesentliche Rolle im Haushalt der Alpenwelt.
Kranke und schwache Tiere fallen ihm zum Opfer und durch das Schlagen von Jungtieren wird eine Übervermehrung der einzelnen Arten verhindert.
Im Alter von 5 oder 6 Jahren schließen sich die Adler zu Paaren zusammen. Jedes Pärchen beansprucht ein großes Revier, in dem es regelmäßig jagt. Je nach Dichte der Beutetiere umfaßt dieses Gebiet 300 bis 600 km^2, manchmal auch noch mehr. Wenn die Jungen selbständig geworden sind, streifen sie weit umher. Man findet sie manchmal in großer Entfernung von den eigentlichen Nistgebieten der Adler.

Länge: 80 bis 95 cm
Gewicht: 3 bis 6,5 kg
Flügelspannweite: 2,30 m
Lebenszeit: bis 20 Jahre in der Natur
46 Jahre in Gefangenschaft

Stundenlang kreist der Adler hoch am Himmel, bis er einen jungen, im Gras liegenden Schneehasen auf große Entfernung entdeckt hat. Ein Sturzflug, der erst im letzten Augenblick abgebremst wird, und schon schlägt der Adler seine Fänge in den Junghasen.

Mit der Beute in den Fängen fliegt der Vogel zu seinem Horst, wo ihn seine Jungen erwarten. Meist schlägt der Adler seine Beute durch einen Überraschungsangriff. Er streift in einigen Metern Höhe über die Hänge und taucht plötzlich überraschend auf.

Das Flugbild des Adlers gleicht etwas dem des Bussards, doch ist er wesentlich größer. Am Ende des Winters kreisen Männchen und Weibchen über den Bergen. Mit kühnen Flugspielen und lauten Rufen wirbt das Männchen um sein Weibchen.

Neben anderen Merkmalen unterscheidet sich der Adler von den übrigen Greifvögeln durch die Form der Nacken- und Halsfedern. Sie sind beim Steinadler zugespitzt. Die Beine des Adlers sind bis zu den Zehen mit Federn bedeckt. Die Krallen des Steinadlers sind mehrere Zentimeter lang.

Das männliche Tier bringt die Nahrung zum Horst. Das Weibchen füttert die Jungen. Es zerlegt die Beute mit seinem Schnabel und hält die kleinen Stücke den Jungen vor. Wenn diese größer sind, gehen beide Eltern auf Jagd. Mit 7 oder 8 Wochen können die Jungen selbst ein Tier zerlegen. Der Jungadler wiegt beim Ausschlüpfen etwa 100 g und 75 Tage später bereits 4 kg

Die Aspisviper

Eine ganze Reihe von Tieren besitzt Gifte, mit denen sie sich gegen Feinde verteidigen können. Manchmal dient das Gift auch zum Töten einer Beute. Zu diesen Gifttieren gehören auch einige unserer heimischen Schlangen. In Deutschland und in nördlich gelegenen Ländern ist allerdings nur die Kreuzotter zu Hause. Die Aspisviper lebt in Süd- und Südwesteuropa. Mit einem einzigen Giftbiß kann diese Schlange ein Tier töten, das wesentlich größer und schwerer ist als sie selbst. In den Alpen findet man die Aspisviper unterhalb 1800 m. Sie hält sich an Waldrändern auf, in steinigem und buschigem Gelände, wo die Temperaturen schnell ansteigen und wo sie auch Schatten findet. Die Körpertemperatur der Viper richtet sich nach der Umgebungstemperatur. Dies ist bei allen Reptilien so. Im Herbst zieht sich die Viper in ein Mauseloch oder unter Felsen zurück und hält einen Winterschlaf. Dieser Winterschlaf dauert etwa 5½ Monate. Erst wenn die Frühlingssonne kräftig genug ist, kommen die Vipern aus ihren Verstecken wieder hervor. Zwei- bis dreimal im Jahr streift die Viper ihre alte Haut ab. 14 Tage vor der Häutung nimmt sie keine Nahrung mehr zu sich, weil sie dann schlecht sieht. Die Haut über den Augen hebt sich ab und wird trüb. Die beiden vorderen Zähne im Maul der Vipern sind besonders lang und von einem feinen Kanal durchzogen. Durch diesen Kanal fließt das von einer Drüse abgesonderte Gift in die Beute. Bei geschlossenem Maul liegen die Giftzähne flach nach rückwärts geklappt dem Gaumen an. Erst wenn die Schlange zubeißen will, werden sie nach vorne aufgestellt. Im Beutetier bewirken die Gifte eine Gerinnung des Blutes und innere Blutungen. Schließlich tritt der Tod ein. Für den Menschen sind die Bisse der Aspisviper nur in seltenen Fällen tödlich.

Länge: Männchen 70 cm Weibchen 80 cm
Lebenszeit: 25 Jahre in Gefangenschaft

Die Aspisviper ernährt sich von kleinen Nagetieren. Feldmäuse, Waldmäuse, aber auch Eidechsen, Frösche und Jungvögel, die noch im Nest sind, werden getötet. Hier verschlingt die Viper eine Spitzmaus, eine seltene aber nicht ungewöhnliche Beute. Die Viper beobachtet die Beute, die nah an ihr vorbeikommt, dann schlägt sie plötzlich zu. Das gebissene Tier kann zunächst noch eine kurze Strecke flüchten, bevor es stirbt. Mit Hilfe ihres Geruchsinns verfolgt die Schlange nun die Spur der Beute. Wenn sie sie gefunden hat, beginnt sie, das Tier kopfvoran zu verschlingen.

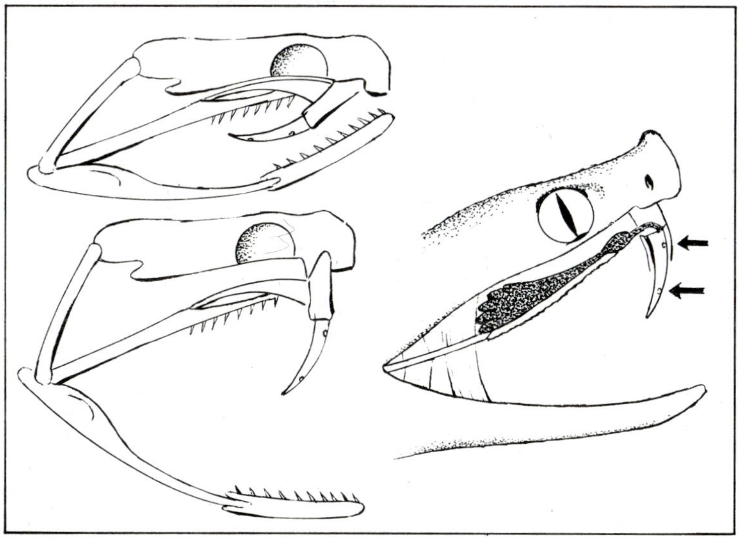

Bei geschlossenem Maul ist der Giftzahn gegen den Gaumen zurückgeklappt (oben links). Wenn die Schlange zubeißt, wird der Giftzahn nach vorne aufgerichtet (links unten). Die Giftdrüse ist mit dem Giftzahn durch einen Kanal verbunden. Kleine Löcher in den Giftzähnen sorgen für den Austritt des Giftes in die Wunde (rechts).

Die Aspisviper paart sich im Frühjahr. Etwa 4 bis 6 Monate später bringt das Weibchen lebende Junge zur Welt, die ungefähr 15 cm lang sind. Die Eier entwickeln sich also im Mutterleib, und die Jungen schlüpfen im Moment des Eierlegens aus der Eihaut heraus.

Natürlich haben Giftschlangen auch Feinde. Hier verschlingt eben der Schlangenadler eine Viper. Der Name des Vogels deutet schon darauf hin, daß Schlangen zu seiner Hauptbeute zählen. Sobald er eine Schlange mit seinen Fängen gepackt hat, zerquetscht er den Kopf der Viper mit seinem Schnabel und macht damit die Wirkung der Giftzähne unschädlich. Etwa zwei Schlangen benötigt der Schlangenadler täglich als Nahrung.

Der Mufflon

Eine große Gefahr für die Mufflons sind Waldbrände. Die Flammen, die sich mit dem Wind rasend schnell vorwärtsbewegen können, überraschen die Tiere. Sie können dann im Rauch ersticken oder verbrennen. Oft versuchen sie kopflos zu fliehen, aber häufig werden sie von den Flammen eingeholt. Mufflons können bei Gefahr eine Geschwindigkeit von 50 km/h erreichen. Wenn sie von Flammen an eine Felswand getrieben werden, gelingt es ihnen oft, über diese Wand dem Feuer zu entkommen.
Vom Mufflon gibt es verschiedene Rassen, die in der Größe recht unterschiedlich sind. Der Mufflon im Altaigebirge wiegt das Dreifache des Mufflons auf der Insel Korsika. Die Mufflonrassen in Pamir nennt man Argalis und die in Afghanistan Urials.
Mufflons leben sowohl in der Ebene als auch in den Gebirgen. In Europa halten sie sich bevorzugt auf Hochebenen auf, wo sich Wälder mit freien Flächen abwechseln. Innerhalb ihrer Wohngebiete wandern die Mufflons auf der Suche nach Nahrung umher. Sie benutzen oft dieselben Wegstrecken, die dann schließlich zu ausgetretenen Pfaden werden. Im Winter, wenn Schnee liegt, meidet der Mufflon Gebiete, in denen die Schneedecke höher als 30 cm ist.
Im Tiefschnee ermüdet er schnell bei der Nahrungssuche. In manchen Gegenden kann sich der Mufflon auch im Winter in großer Höhe aufhalten. Hat der Wind eine Grasfläche freigefegt und ist die Bewachsung ausreichend, kann er sich auch dort ernähren, z. B. in Pamir, wo die Tiere das ganze Jahr über in einer Höhe von 4000 bis 5000 m bleiben.

Länge: 1,10 m (+ 10 cm Schwanz)
Höhe: 75 bis 125 cm
Gewicht: 35 bis 200 kg
Lebenszeit: 10 bis 15 Jahre

Die männlichen Tiere sind im Alter von drei Jahren fortpflanzungsfähig und beginnen dann, sich eine Gruppe von Weibchen aufzubauen. Das geht nicht ohne Kämpfe mit ihren Rivalen ab. Die Gegner senken den Kopf, scharren mit den Vorderhufen auf dem Boden und prallen dann mit den harten Hörnern aufeinander.

Immer wieder nehmen sie einen neuen Anlauf, bis der Schwächere sich zurückzieht und dem Stärkeren den Platz freigibt. Das sind Rangordnungskämpfe, bei denen Verletzungen fast nie vorkommen.

An der Länge der Hörner und der Entwicklungsstufe der Ringe, die sie schmücken, kann man das Alter der Mufflons schätzen. Von links nach rechts und von oben nach unten sind die dargestellten Mufflons jeweils 1, 2, 4 bis 5 und 7 bis 8 Jahre alt. Die Hufabdrücke des Mufflons sind etwa 6 cm lang.

Das Weibchen bringt ein Junges zur Welt und säugt es 4 oder 5 Monate lang. Bereits eine halbe Stunde nach seiner Geburt kann das Junge laufen und der Mutter folgen. Im Alter von zwei Wochen nimmt es neben der Muttermilch auch grüne Nahrung auf.

Der Mufflon ernährt sich ausschließlich von pflanzlicher Kost. Die Pflanzen, die er im Mittelmeerraum am häufigsten frißt, sind Pistazien, der Erdbeerbaum, der Ginster , die immergrüne Eiche und der Brombeerstrauch.

Der Uhu

Der Uhu ist die größte heimische Eulenart. Wie die meisten Eulen, wird auch der Uhu erst am Abend munter, jagt in der Nacht und zieht sich am Morgen wieder auf seinen Ruheplatz zurück. Zu seiner Beute gehören Igel, Hasen, Kaninchen, Ratten und Eichhörnchen. Aber auch größere Tiere wie ein Jungfuchs oder eine Auerhenne werden manchmal geschlagen. Daneben stehen auch kleinere Tiere wie Mäuse, Käfer und Kleinvögel auf dem Speiseplan. In Deutschland gehört der Uhu zu den stark bedrohten Vogelarten. Er ist streng geschützt, aber immer wieder werden die Altvögel an ihren Horsten gestört und verlassen die Brut. Immer wieder werden auch Eier ausgenommen oder Junguhus ausgehorstet. So ist der Uhu nur noch an wenigen Stellen als Brutvogel zu finden. Manche Uhus verunglücken, wenn sie an Stromleitungen anfliegen oder von Autos und Zügen überfahren werden. Ein Uhupaar hält in der Regel ein Leben lang zusammen. Der Horst wird in Felswänden gebaut. Die Eier liegen ohne Nest auf dem bloßen Boden. Wenn etwas Erde vorhanden ist, scharrt das Weibchen eine kleine Mulde, damit die Eier nicht fortrollen können. Tagsüber ruht sich der Uhu entweder auf einem Felsen oder auf einem Baum aus und wartet auf den Einbruch der Dunkelheit. Vom Beginn des Winters bis zum Frühjahr kann man seine tiefen Rufe vernehmen.
Manchmal hört man auch ein heiseres Kichern. Männchen und Weibchen antworten einander.

Länge: 67 cm
Gewicht: 2 bis 3 kg
Flügelspannweite: 1,70 m
Lebenszeit: 68 Jahre in Gefangenschaft

Der Uhu geht nur nachts auf Jagd. Aber wenn er seine Jungen ernähren muß, kann man ihn auch bei Tageslicht fliegen sehen. Lautlos gleitet er mit seinen großen weichen Flügeln dahin. Er überrascht die auf einem Baum schlafenden Krähen, bringt sie auf eine geeignete Unterlage, rupft sie vollständig und frißt sie dann. Je nach Größe der Beute muß der Uhu in einer Nacht mehrere Tiere schlagen. Die Jungen bekommen durchschnittlich drei- bis viermal Futter in einer Nacht.

Die Federohren an den Kopfseiten sind ein typisches Merkmal mancher Eulen. Der Waldkauz (links) hat keine Federohren. Obwohl man die Federbüschel Federohren nennt, haben sie mit dem Gehör nichts zu tun. Sie können aufgestellt, aber auch angelegt werden.

Hat das Uhupaar einen Nestplatz gewählt, der genug Platz bietet, können sich die Jungen einige Meter von der Nestmulde entfernen. Solange die Jungen klein sind, geht das Männchen auf die Jagd, und das Weibchen bleibt bei den Kindern. Es bewacht und füttert sie. Diese noch ganz flaumigen Jungen sind etwa fünf Wochen alt.

Einen Jungfuchs kann der Uhu ohne weiteres schlagen. Gerät er aber an einen ausgewachsenen Fuchs, muß er sich vorsehen, daß nicht er es ist, der unterliegt.

Auf der Liste der Beutetiere des Uhus stehen unter anderem Igel, Ratten, Gartenschläfer und Siebenschläfer, Eichhörnchen, Wildkaninchen, Feldmäuse, Dohlen, Krähen und Ringeltauben.

Das Birkhuhn

Nur noch an wenigen Stellen kann man heute bei uns Birkhühner beobachten. Früher waren sie in manchen Hoch- und Niedermooren des Flach- und Tieflandes recht häufig. Im April kommen die Hähne an bestimmten Plätzen zusammen und beginnen dort zu balzen. Mit ausgebreiteten Flügeln springen sie in die Luft, die Köpfe einander zugewandt, und stoßen pfeifende, zischende und kullernde Laute aus. Andere drehen sich auf der Stelle, spreizen den Schwanz, sträuben das Gefieder und machen eine Art Verbeugung. Während die Männchen balzen, kommen die Weibchen dazu und verpaaren sich mit einem der Männchen. Jedes der Männchen verteidigt ein kleines Gebiet, auf dem es hin- und hertanzt, wobei die roten Hautwülste über den Augen stark anschwellen. Nähert sich eines der Männchen seinem Nachbarn zu sehr, kann es zum Kampf kommen. Die Vögel gehen mit Schnäbeln, Flügeln und Beinen aufeinander los. Schließlich zieht sich der Schwächere zurück.
In den Bergen lebt das Birkhuhn an der oberen Waldgrenze, in den Alpen auf Höhen bis zu 2500 m. In diesem Gebiet treten Gras und Fels allmählich an die Stelle der Bäume. Das Birkhuhn braucht Nadelbäume und Laubbäume, deren Nadeln und Blätter es frißt.
Es sitzt auch gern auf den oberen Ästen der Bäume. In manchen Teilen Europas lebt das Birkhuhn auch in der Ebene. Dort bevorzugt es nebliges Heideland, Moorgebiete und Waldlichtungen. Männchen und Weibchen treffen lediglich am Balzplatz zur Paarung zusammen. Um die Eier und die Jungen kümmert sich ausschließlich das Weibchen.

Länge: 60 cm
Gewicht: 1,3 kg (Männchen)
Flügelspannweite: 90 cm (Männchen)
Lebenszeit: etwa 7 Jahre

Birkhühner bewegen sich am Boden meist in langsamem Schritt voran. Müssen sie einmal laufen, dann bilden Kopf und Schwanz fast eine horizontale Linie. Wenn im Winter mehrere Vögel hintereinander durch den Schnee gehen, treten sie allmählich einen schmalen Pfad. Birkhühner werden vom Fuchs, vom Steinadler, vom Uhu, vom Marder, die jungen Tiere auch vom Hermelin gejagt. Für die kleinen Küken bedeutet eine lang anhaltende schlechte Witterung den Tod. Sie finden dann keine Nahrung und verhungern.

In der warmen Jahreszeit verbringt das Birkhuhn die Nacht auf einem Baum. Im Winter schläft es oft in einer Schneehöhle. Diese Schneehöhlen werden von den Birkhühnern selbst gegraben. Innerhalb einer Minute verschwinden sie unter der Schneedecke.

Im Flug unterscheidet sich der Birkhahn (links) vom größeren Auerhahn (rechts) durch die Form seines Schwanzes und durch die weißen Abzeichen auf den Flügeln. Während der Paarungszeit schwellen die roten Hautwülste über den Augen (unten) so sehr an, daß sie sich beinahe berühren. Man nennt diese roten Stellen »Rosen«.

Das weibliche Birkhuhn bereitet das Nest vor, brütet die Eier aus und betreut auch alleine die Jungen. Unter einem niedrigen Busch versteckt, ist das Nest nichts anderes als eine Vertiefung im Boden, die mit Blättern oder mit Farnkrautzweigen und Gras ausgelegt wird. Im Juni werden 7 bis 10 Eier gelegt und 26 oder 27 Tage bebrütet.

Der Kolkrabe und die Alpendohle

Viele Menschen meinen, Tiere würden niemals spielen. Aber wenn ein Kolkrabe sich mit seinen Füßen an einen Ast klammert und ein paar Minuten mit dem Kopf nach unten schaukelt, oder wenn er im Wind flugakrobatische Kunststücke vollführt und dabei laute Rufe ausstößt, ist das nicht ein Spiel? Kolkraben haben ein weites Jagdrevier. Tagsüber streifen sie von der Felswand, in der ihr Horst steht, weit umher. Die Almen, Felder und Waldränder werden nach Nahrung abgesucht. Besonders im Winter und Frühjahr können die Raben dort verendetes Rehwild finden oder eine Gemse, die eine Lawine in den Tod gerissen hat. Kolkraben sind Allesfresser. Sie ernähren sich von Aas, von kleinen Tieren, aber auch von Früchten und Beeren. Seit es die großen Müllhalden am Rande der Städte und in den Wintersportorten gibt, kann man dort immer Kolkraben beobachten. Sie suchen auf den Müllhalden nach Nahrungsresten.

Kolkraben kommen in Europa, Asien und in Nordamerika vor. Sie waren früher in den Ebenen Westeuropas sehr viel weiter verbreitet. Nachdem sie aber stark verfolgt und bejagt wurden, sind sie nahe an den Rand der Ausrottung gekommen.

Erst seit in manchen Gebieten Europas – so in Deutschland – der Kolkrabe ganzjährig unter Schutz steht, nimmt seine Zahl wieder zu.

Kolkrabe
Länge: 50 bis 63 cm
Gewicht: 1 bis 1,3 kg
Flügelspannweite: 1,15 bis 1,30 m
Lebenszeit: 69 Jahre in Gefangenschaft

Alpendohle
Länge: 37 cm
Gewicht: 160 bis 240 g
Flügelspannweite: 75 cm
Lebenszeit: etwa 15 Jahre

Zur Nistzeit duldet der Kolkrabe keine anderen großen Vögel in seiner näheren Umgebung. Er verjagt sie und greift sogar den Steinadler an, wenn er zu nahe vorbeifliegt. Trotz seiner Vorliebe für Aas frißt der Kolkrabe auch die Gelege des Steinhuhns. Manchmal kämpfen Kolkraben miteinander um besonders gute Nahrungsbrocken.

Der Kolkrabe unterscheidet sich von der Rabenkrähe durch seine größere Spannweite und durch seinen keilförmig zulaufenden Schwanz. Alpendohle und Alpenkrähe unterscheiden sich vor allem durch ihren Schnabel. Die Alpendohle hat einen relativ kurzen, gelben Schnabel (oben rechts), die Alpenkrähe einen langen, etwas gebogenen und roten Schnabel (unten links).

Der Kolkrabe baut seinen Horst in einer Felswand, in Waldgebieten auch auf Bäumen. Jedes Pärchen baut mehrere Nester innerhalb seines Reviers und benutzt sie wechselseitig. Die Eier werden im März gelegt, die Brutzeit beträgt etwa 20 bis 21 Tage. Das Weibchen brütet alleine.

Kolkraben, Alpendohlen, Saatkrähen, Rabenkrähen und Dohlen, sie alle sind größere schwarze Vögel, die bei uns vorkommen. Echte Alpenvögel sind die Alpenkrähe und die Alpendohle.

Das Murmeltier

Viele Tiere, wie die Fledermäuse, die Siebenschläfer und auch das Murmeltier halten einen Winterschlaf. Nach Nahrung zu suchen, die in dieser Jahreszeit spärlich ist, wäre wenig sinnvoll. So ist es für die Tiere besser, einige Monate zu ruhen. Im Sommer kommen die Murmeltiere jeden Morgen aus ihrem Bau und verteilen sich im Gras. Eines streckt sich auf einem Felsen aus und nimmt ein Sonnenbad. Andere zanken sich oder spielen miteinander. Die meisten aber fressen. Von einem Bau zum anderen gibt es Wechsel. Manche führen zu Steinen, und andere wieder verlieren sich in der Wiese. Die ältesten Murmeltiere kennen jede Einzelheit ihres Reviers. Sie sind sehr neugierig, mißtrauen aber doch allem, was ungewöhnlich ist. Das Murmeltier lebt in den Alpen und den Karpaten in kleinen Kolonien in einer Höhe zwischen 1500 und 3000 m. Sein Bau ist ein 3 bis 10 m langer Gang, der einen Durchmesser von etwa 20 cm hat und in eine 1 m breite Kammer mündet. Der Bau befindet sich 1 bis 1,50 m unterhalb der Erdoberfläche. Nach der Schneeschmelze wird der Eingang von Steinen und Erdreich befreit. Dann beginnen die Murmeltiere mit dem Hausputz. Erde und altes Heu wird hinausgeworfen.

Einige Baue sind dauernd bewohnt, andere dienen nur als gelegentliche Zufluchtsorte und sind daher nicht mit den Gängen verbunden. So können die Murmeltiere jederzeit bei Gefahr auf dem schnellsten Weg in einem Loch verschwinden. Im Vergleich zu vielen anderen Säugetieren, die sich auf einen feinen Geruchsinn verlassen, hat das Murmeltier ein ausgesprochen gutes Sehvermögen.

Länge: 60 cm (+ 15 cm Schwanz)
Gewicht: 5 bis 7 kg
Lebenszeit: 13 Jahre

Im Winter hält das Murmeltier in seinem Bau Winterschlaf. Wenn sich die Nadeln der Lärchen zu verfärben beginnen, häuft das Murmeltier trockene Gräser zu einem weichen Lager aufeinander. Im Oktober beginnt es mit dem Winterschlaf. Seine Körpertemperatur sinkt auf etwa 9 ° C herab. Zusammengerollt, steif und kalt, scheint es wie tot dazuliegen. Aber sein Herz schlägt, und das Tier atmet auch. Im Frühjahr kündigen die Glockenblüten der Troddelblumen sein Erwachen an.

Das Murmeltier besitzt, wie alle Nagetiere, scharfe Schneidezähne (links). Diese Zähne wachsen ständig nach und schleifen sich aneinander ab. Die Fußabdrücke des Murmeltieres kann man auf den Schneefeldern sehen, nachdem es im Frühjahr erwacht ist.

Vier bis fünf junge Murmeltiere werden in einem Bau geboren. Im Juni kommen sie zum ersten Mal heraus. Sie sind noch etwas unvorsichtig und sehr verspielt. Erst mit zwei Jahren haben sie ihre endgültige Größe erreicht. Von der Mutter werden sie 35 Tage lang gesäugt.

Die Silhouette des Steinadlers kennt das Murmeltier sehr genau. Wenn es auf einem Felsen liegt und einen Steinadler entdeckt, stößt es einen lauten Pfiff aus. Im gleichen Augenblick stürzen alle seine Artgenossen in das nächstgelegene Loch. Erst nach und nach kommen sie wieder hervor, mit dem Kopf voran, und suchen ängstlich den Himmel nach ihrem Feind ab.

Der Kreuzschnabel

Der Kreuzschnabel unterscheidet sich von verwandten Finkenarten. Seine Hauptnahrung besteht aus den Samen der Nadelbäume. Mit Hilfe seines an den Spitzen gekreuzten Schnabels kann er sie unter den Schuppen der Zapfen heraushebeln. Wenn er eine Gegend findet, in der reiche Samenernte zu erwarten ist, so beginnt er zu brüten. Dies kann auch mitten im Winter sein. So gibt es Nester und Gelege der Kreuzschnäbel das ganze Jahr über. Der Kreuzschnabel ist ein echter Nahrungsspezialist. Mit den Samen der Nadelbäume werden auch die Jungen ernährt. Die Jungvögel der verwandten Arten, wie Grünfink, Buchfink oder Hänfling fressen zunächst Insekten. Auf den Bäumen bewegt sich der Kreuzschnabel sehr geschickt und turnt kopfunten und kopfoben um den Zapfen herum. Seine kurzen Füße sind dafür gut geeignet.
Der Kreuzschnabel kommt in vielen Gebieten Europas vor, ebenso wie in der riesigen asiatischen Taiga. In manchen Jahren kann man sogar regelrechte Invasionen der Kreuzschnäbel in Europa beobachten. Sie treten dann zu Beginn des Sommers im Gefolge von einigen Vorboten in großer Zahl auf. Häufig halten sie sich in Gärten und Laubwäldern auf.
Einige Monate bleiben sie in unseren Breiten, dann verschwinden sie wieder, ohne daß man genau weiß, wohin. Vielleicht kehren sie in ihre Heimat zurück, die Tausende von Kilometern entfernt in Rußland oder Skandinavien liegt. Solche Wanderungen hängen wahrscheinlich mit einem Nahrungsmangel in den Heimatländern zusammen. Findet der Kreuzschnabel einmal nicht genügend Nadelbaumsamen, so ernährt er sich von Ahorn-, Ebereschen- und Buchensamen.

Länge: 16 cm — Flügelspannweite: 28 cm
Gewicht: 35 g — Lebenszeit: unbekannt

Der Kreuzschnabel kann auf unterschiedliche Art und Weise die Samen aus den Zapfen lösen. Manchmal pflückt er den ganzen Zapfen vom Ast und holt die Samen auf dem Boden heraus. Manchmal entsamt er den Zapfen, wenn dieser noch hängt. Im ersten Fall beißt er den Stiel ab, nimmt den Zapfen in den Schnabel und bringt ihn auf den Boden, um ihn dort in Ruhe zu untersuchen. Er hält den Zapfen mit den Füßen fest, fährt mit seinem Schnabel unter die Schuppen und holt mit der Zunge die beiden Samenkörner heraus, die unter jeder einzelnen Schuppe sitzen.

Die Zunge des Kreuzschnabels holt ein Samenkorn unter einer Zapfenschuppe hervor.

Querschnitt durch das Innere des Zapfens. Man sieht eine Zapfenschuppe mit den beiden Samenkörnern. Im Norden Europas lebt neben dem Fichtenkreuzschnabel noch der Kiefernkreuzschnabel.

Die Tannenzapfen reifen nicht alle zur gleichen Zeit, und sie hängen über mehrere Jahre an den Ästen. Deshalb nistet der Kreuzschnabel wann immer er will. Oft brütet das Weibchen mitten im Winter.

Die Kreuzschnäbel sind gesellige Tiere und bilden während des größten Teils des Jahres kleine Trupps. Zur Zeit der Fortpflanzung lösen sich diese Trupps auf. Die ausgewachsenen Vögel verpaaren sich. Das Männchen im ziegelroten Federkleid und das Weibchen mit dem grünlichen Federkleid schnäbeln miteinander in der Zeit der Werbung.

Der Schneeleopard

Die Gebirge Zentralasiens, Turkistans und Südsibiriens mit Pamir, Tibet, Hindukusch und Altai sind die Lebensräume des Schneeleoparden. Hier lebt er in der Felsenwelt, aber auch auf den bewachsenen Hängen, die von Schluchten durchzogen sind. Offenbar sind Schneeleoparden nicht so gefährlich wie manche anderen Großkatzen. Russische Jäger sollen den Schneeleoparden im Winter bei tiefem Schnee sogar mit Netzen und bloßer Hand fangen können. Im Winter steigt der Schneeleopard manchmal auf 4500 m, hält sich in der Regel jedoch in tieferen Lagen auf. Im Himalaja hat man ihn auf Höhen zwischen 5400 und 6000 m beobachtet. Oft unternimmt er weite Wanderungen, um Nahrung zu finden. Regelmäßig durchquert er sein Jagdrevier und kehrt etwa alle 7 bis 8 Tage an eine Stelle zurück, wo er sein Lager hat. Wie groß die Reviere der Schneeleoparden sind, ist nicht bekannt. Sehr schwierig ist es auch, die genaue Zahl der lebenden Schneeleoparden festzustellen. Im Massiv des Ala-Taou in Rußland hat man 6 bis 8 Schneeleoparden auf etwa 4000 ha gezählt.

Tagsüber ruht sich der Schneeleopard in einem Versteck aus, das er oft mehrere Jahre hintereinander benutzt.

Seine Hauptnahrung besteht aus wilden Ziegen, aus Mufflons, Rehwild, Frischlingen und dem Goral, einem Verwandten der Gemse. Während einer Nahrungsaufnahme frißt er etwa 3 kg Fleisch. Hat er eine Beute erlegt, so zieht er sie oft hinter einen Felsen, um sie dort in Ruhe zu verzehren.

Länge: 1,10 m (+ 90 cm Schwanz)
Gewicht: 22 bis 24 kg
Lebenszeit: 15 Jahre in Gefangenschaft

Wenn der Schneeleopard auf Jagd ist, lauert er meist auf einem Felsen oder einem starken Ast. Er wartet auf Beute, die unter ihm vorbeizieht. Sobald das Tier nahe genug heran ist, macht der Leopard einen Satz von 6 bis 7 m, bringt es mit seinen Pfoten zu Fall und beißt ihm dann die Kehle durch. Wenn sein Angriff fehlschlägt, verfolgt er die Beute nicht, sondern legt sich von neuem auf die Lauer.

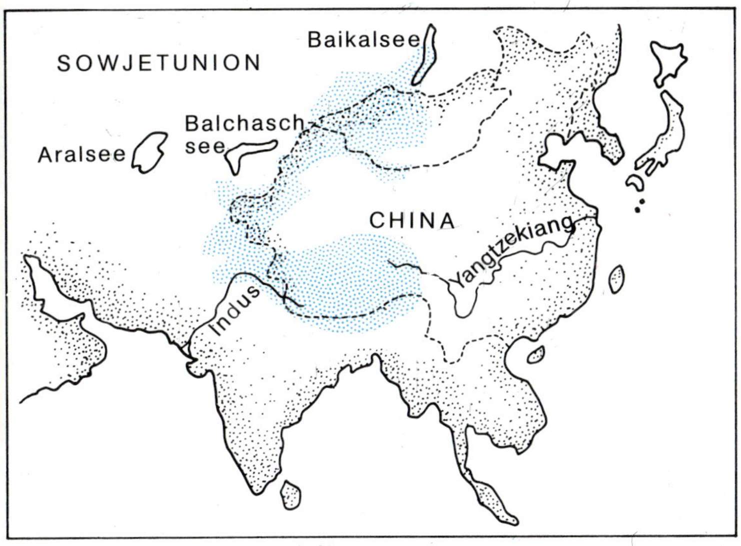

Reisende, die im letzten Jahrhundert Sibirien durchquerten, sahen Schneeleoparden angeblich am Fluß Amur. Aber dies waren falsche Berichte. Was sie gesehen hatten, waren Tiger.

Im Alter von 2 bis 3 Jahren ist der Schneeleopard fortpflanzungsfähig. Die Paarungszeit liegt im Februar oder März. Die Jungen kommen im Mai oder Juni zur Welt. Ihre Zahl schwankt zwischen 1 und 5. In der Regel aber sind es 2 oder 3. Bei der Geburt sind ihre Augen und Ohren noch geschlossen, und sie haben ein weiches, dichtes Fell.

Die Jungen Schneeleoparden bleiben bis zum Alter von 8 oder 9 Monaten bei ihrer Mutter. Dann verlassen sie diese und führen ein selbständiges Leben. Die Jungleoparden auf diesem Bild fressen eine Krähe, die ihnen ihre Eltern gebracht haben. Der Schneeleopard jagt oft Fasane und Steinhühner. Am Ende des Sommers gehen die Schneeleoparden auch in Gruppen auf die Jagd.

Die Ringdrossel

Junge Ringdrosseln werden alle 10 Minuten gefüttert. Innerhalb von 15 Tagen verzehren sie fast 3000 Insekten und andere Kleintiere, insgesamt etwa 1 kg. Soviel brauchen sie, um sich normal zu entwickeln und flügge zu werden. Im Alter von 14 Tagen bekommen sie etwa 25 g an Nahrung täglich. Davon verwerten sie aber nur 2 g, der Rest besteht aus unverdaulichen Chitinteilen der Insekten. Wie bei den meisten Kleinvögeln müssen die Eltern ununterbrochen Nahrung heranschaffen, um die Jungen zu sättigen. Die Ringdrossel ist größer als die anderen heimischen Drosseln, und sie ist hoch oben im Gebirge zu finden. Man kann sie auf Almen beobachten, die sich an die obere Waldgrenze anschließen. Dort findet die Ringdrossel Bedingungen, die sie braucht: Bäume, um zu nisten und Wiesen und Matten, um Nahrung zu suchen. Auch in den Wäldern sucht sie am Boden nach Insekten und Würmern. Im Herbst verläßt die Ringdrossel die hohen Lagen, kommt in die Ebenen hinab und zieht nach Südeuropa. So kann man sie dann auch in der Camargue und im unteren Rhonedelta sehen. Durch Funde beringter Vögel weiß man auch, daß sie sogar auf die Inseln des Mittelmeeres hinauswandern.

Die Ringdrossel kommt in fast allen europäischen Gebirgen vor, aber auch in den Hügeln der Britischen Inseln, wie zum Beispiel in Cornwall. Im März kehrt sie in ihr Brutgebiet zurück, und die Männchen beginnen zu singen. Ihr Gesang erinnert an den der Singdrossel. Häufig wiederholen sie zwei oder drei bestimmte Motive. Die Ringdrossel ernährt sich von Insekten, von Schnecken und im Herbst von Beeren und Früchten.

Länge: 27 cm
Gewicht: 120 g
Flügelspannweite: 42 cm
Lebenszeit: 8 Jahre

Wenn die Ringdrossel versucht, einen Regenwurm aus der Erde zu ziehen, verhält sie sich genauso wie die anderen Drosseln auch. Das Nest, das vom Weibchen gebaut wird, erinnert ebenfalls an das Nest verwandter Arten. Es besteht aus einer äußeren Schicht von Erde und trockenen Gräsern und ist im Inneren mit Flechten, Moos und Grashalmen ausgepolstert. Das Nest befindet sich meist in einer Höhe von 1 m, manchmal aber auch sehr viel höher am Stamm eines Baumes.

Die Ringdrossel gehört zu den Zugvögeln. Die Vögel, die in Nordeuropa leben, unternehmen die größten Reisen. In den Alpen haben Beobachtungen gezeigt, daß die Vögel bei Nacht fliegen und sich in den Morgenstunden niederlassen, um sich auszuruhen und Nahrung zu suchen.

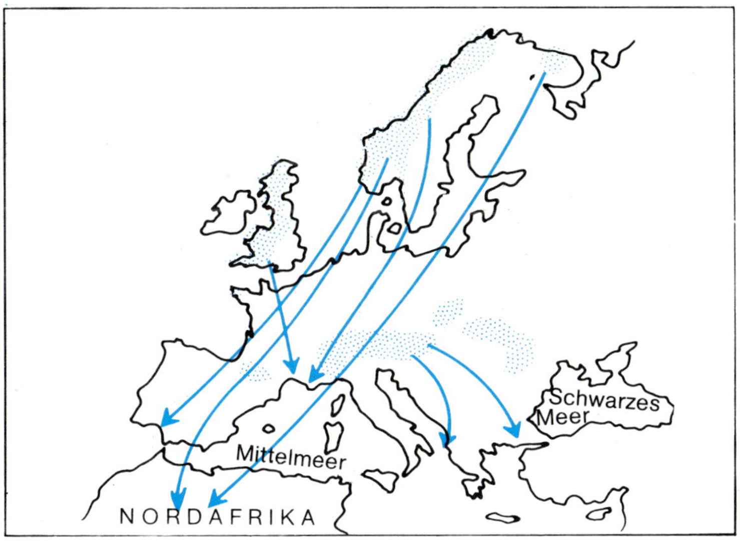

Männchen und Weibchen füttern die Jungen und warnen mit lauten zeternden Rufen, wenn eine Gefahr droht.
Oft lenkt dieses Gezeter die Aufmerksamkeit eines Feindes erst auf das Nest mit den Jungen. Nach einigen Tagen, wenn die Jungen das Nest verlassen haben, hüpfen und flattern sie mit den Altvögeln auf den Almenmatten umher. Schließlich suchen sie selbst Nahrung und gehen ihre eigenen Wege.

Die Ringdrosseln halten sich gerne auf Almenwiesen auf, deren Blumen kräftige Farben haben. Dort findet man dann auch bestimmte Schmetterlinge, wie den Apollofalter mit seinen roten und schwarzen Tupfen auf den Flügeln.

Das Hermelin

Das Hermelin lebt die meiste Zeit des Jahres als Einzelgänger. Nur in der Paarungszeit finden sich Männchen und Weibchen zusammen. Die Aufzucht der Jungen ist der Mutter überlassen. Sobald die Jungen alt genug sind, daß sie laufen und der Mutter folgen können, kann man die ganze Familie im Gänsemarsch oder dicht an dicht beobachten. Die Mutter läuft voran, und die ganze Schar der Jungen folgt ihr. Früher galt das Hermelin wegen seines weißen Winterfelles als Symbol der Reinheit. Hermelinfelle wurden ausnahmslos für Gewänder der Prinzen und Adligen verwendet. Im Sommer wird das Fell auf der Oberseite braun. Nur das Schwanzende bleibt das ganze Jahr über schwarz. Im Gebirge verändern alle Hermeline ihre Farbe. In der Ebene und in warmen Gebieten, in denen im Winter kein Schnee liegt, ist dies anders. Hier unterscheidet sich dann das Winterfell nicht vom Sommerfell, es ist lediglich ein wenig dichter. Wahrscheinlich sind die im Herbst stark absinkenden und im Frühjahr stark zunehmenden Temperaturen nördlicher Gebiete dafür verantwortlich, daß hier die Hermeline ein weißes Winterfell bekommen. Das Hermelin bewegt sich leise und oft unbemerkt. Nur wenn es bedroht wird, gibt es keckernde, kreischende Laute von sich.

Dann verbreitet es auch einen nach Moschus riechenden Duft. Er stammt von Drüsen in der Nähe des Afters. Das Hermelin ist ein guter Schwimmer und durchquert ohne weiteres einen Bach oder einen kleinen Teich. An Land bewegt es sich in Sprüngen voran, wobei die beiden Vorderpfoten und die beiden Hinterpfoten stets nebeneinander aufkommen. Die Hinterpfoten greifen in die Spuren der Vorderpfoten. Im Schnee sieht die Spur wie eine Doppelreihe kleiner Löcher aus.

Länge: 29 cm (+ 11 cm Schwanz)

Gewicht: 220 bis 320 g; Lebenszeit: etwa 12 Jahre

Das Hermelin jagt alle Arten kleiner Tiere. Nagetiere, wie etwa die Schneemaus, liebt es besonders. Es frißt aber auch Insekten, Eidechsen, Frösche und Vögel.

Am Boden nistende Vögel werden überrascht und mit einem raschen Biß in den Kopf getötet. Das Hermelin kann auch in die Gänge der Mäuse und Maulwürfe vordringen und die Tiere dort überraschen.

Das Hermelin (oben) ist größer als das Mauswiesel (ganz unten) und hat am Schwanzende einen schwarzen Haarbüschel. Die Abdrücke des Hermelins (unten links) sind 2 cm (Vorderpfoten) und 3,5 cm (Hinterpfoten) lang.

Zum Ende des Frühjahrs oder im Sommer hat das Hermelin Junge. Es paart sich im Spätwinter, und die Jungen kommen dann im Frühjahr zur Welt. Eine zweite Paarungszeit liegt im Sommer. Dann wird die Entwicklung der Embryonen während des Winters unterbrochen, und die Tragzeit ist viel länger. Die Jungen werden an einem sicheren Versteck in einer Erdhöhle, unter einem Felsen oder in einem Baumloch geboren. Die Augen öffnen sich erst, wenn die Tiere 37 Tage alt sind.

Wie das Mauswiesel hat das Hermelin die Angewohnheit, ein Männchen zu machen. Es setzt sich auf sein Hinterteil und reckt sich hoch, um seine Umgebung zu beobachten. Auf diese Weise kann es vielleicht eine Beute ausfindig machen oder eine Gefahr rechtzeitig entdecken. Manchmal springt das Hermelin mit einem einzigen Satz 2,50 m weit.

Der Bartgeier

Lange Zeit wurde der Bartgeier aus falschen Vorstellungen heraus verfolgt und gejagt. Man glaubte, daß man damit ein gefährliches Tier ausrotten könnte. Es wurde behauptet, er würde sich nur von Schafen und Lämmern ernähren, und er würde sogar Menschen angreifen. Durch die ständige Verfolgung war der Bartgeier in der Schweiz 1886 ausgestorben. In Österreich und Italien sah man die letzten Bartgeier 1906 und 1913. Heute leben nur noch einige dieser schönen Vögel in den Pyrenäen, auf dem Balkan und in Afrika. Zahlreich vertreten ist er nur noch in Zentralasien, in Gebirgen, in denen Schluchten, Felswände und Almen miteinander abwechseln. Dort leben Hausschafe und Wildtiere, die zu seiner Nahrung zählen. Der Bartgeier frißt jedoch nur Aas, also Tiere, die bereits tot sind. Und dort, wo viele Wildtiere oder Haustiere vorkommen, geht häufig eines an einer Krankheit zugrunde oder wird Opfer eines Unfalles. Man findet den Bartgeier in der Waldzone genauso wie auf Almenhöhen. In manchen Gebieten geht er auch auf Meereshöhe hinunter. In Asien wurde er im Mount-Everest-Massiv auf 7000 m Höhe beobachtet. Erst zu Beginn dieses Jahrhunderts haben die Verhaltensforscher bewiesen, daß der Bartgeier keine lebende Beute angreift, und daß er, wie der Aasgeier von den Beuteresten größerer Tiere lebt.

Nur sehr kleine Tiere verzehrt er manchmal auch lebend. Dank seines kräftigen Schnabels kann er auch größere Knochen kleinbrechen und in kleineren Stücken verschlingen. Er braucht ein sehr großes Gebiet, über dem er immer wieder kreist, um nach Nahrung zu suchen.

Länge: 1,20 m
Gewicht: 5 bis 6 kg
Flügelspannweite: 2,50 bis 2,80 m
Lebenszeit: 23 Jahre in Gefangenschaft

Bartgeier haben eine eigene Methode entwickelt, um an das Fleisch von Schildkröten zu gelangen: Sie tragen die Schildkröten hoch in die Lüfte und lassen sie auf einen Felsen fallen. Dadurch zerbricht der Panzer. Manchmal müssen sie diese Versuche öfter wiederholen, um ans Ziel zu gelangen.

Der Bartgeier unterscheidet sich vom Gänsegeier (rechts) und vom Schmutzgeier (oben links) nicht nur durch die schwarze Zeichnung in seinem Gesicht und durch seine Augenfarbe, sondern auch durch die sehr dunkle Farbe seiner Flügel. Sein Kopf ist außerdem vollständig befiedert.

Den Horst bauen die Bartgeier in einer kleinen Höhle in einer Felswand. Männchen und Weibchen tragen dazu Äste, Fellstücke von toten Tieren, Wollbüschel und andere weiche Materialien zusammen. Das Gelege enthält ein oder zwei Eier, von denen jedes etwa 210 g wiegt.

Der Bartgeier nistet sehr früh im Jahr. Schon im Januar oder Februar werden die Eier gelegt. In den Wochen vorher kann man Männchen und Weibchen bei der Flugbalz beobachten.

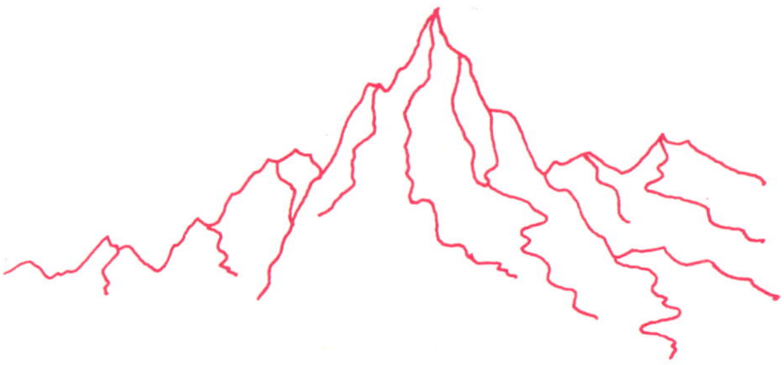

Eine kleine Reise durch die Berge

Die hohen Gebirgsketten, die die Ebenen begrenzen, sind für viele Tiere Barrieren, die sie nicht überwinden können. In gleicher Weise verhindern diese Gebirge auch die Verbreitung von Pflanzen. Je nach Kontinent ist der Verlauf dieser natürlichen Mauern verschieden: In Amerika erstrecken sie sich von Norden nach Süden, in Europa und Zentralasien von Westen nach Osten. So trennen in Asien die zentralasiatischen Gebirgsketten das eisige Sibirien vom tropischen Indien. Dort findet man Gipfel, die höher als 8 000 m sind. Alle anderen Gebirgsketten der Erde sind niedriger. In Afrika sind die hohen Berge im Osten zwischen Äthiopien und Tansania konzentriert, weniger hohe Gipfel gibt es in Nord- und Westafrika. Schneegipfel, Felswände, Gletscher, Geröllhalden, Almen und Wälder sind typische Gebirgslandschaften. Jede Landschaft hat für sich eine besondere Tier- und Pflanzenwelt, aber dennoch wird man in vielen Bereichen immer wieder an den hohen Norden erinnert.

Ein eisiges und heißes Reich

Je nach Jahreszeit, oder auch im Laufe eines einzigen Tages, erinnert das Gebirge an einen riesigen Eisschrank oder aber an einen gewaltigen Ofen. Im Sommer erlaubt die Reinheit der Luft ein leichtes Durchdringen der ultra-violetten Sonnenstrahlen, so daß der Boden sich sehr schnell aufheizt. In der Nacht aber fällt die Temperatur rasch.

Während des ganzen Jahres mildern die Gletscher und der ewige Schnee die starken Temperaturunterschiede. Steigt man in die Höhe, so nimmt die Temperatur alle 1 000 m um etwa 6°C ab. Die Feuchtigkeit steigt mit der Höhe, aber von einer bestimmten Höhe an aufwärts werden Regen und Nebel steltener. Daher ist es auf den Gipfeln trockener als auf den Hügeln.

Die klimatischen Bedingungen verändern sich nicht nur mit der Himmelsrichtung der Abhänge (in Europa bekommen die nach Westen gerichteten Hänge am meisten Niederschlag), sondern auch mit der geographischen Lage der Gebirge.

Der Schnee spielt eine wichtige Rolle im Leben der Bergtiere und Bergpflanzen. Er bietet sehr viel Wärmeschutz und ermöglicht es den kleinen Säugetieren, auch im Winter ein reges Leben unter dem Schnee zu führen. Wenn die Schneedecke 30 cm dick ist, und die Lufttemperatur bei minus 16°C liegt, dann beträgt die Temperatur kurz über dem Boden höchstens minus 5°C. Ist die Schneedecke 1 m, so bleibt die Bodentemperatur konstant bei 0°C.

Die Pflanzen werden immer niedriger

Wenn man die Hänge eines europäischen Gebirges hinaufsteigt, bemerkt man sehr schnell, daß sich die Pflanzenwelt ständig verändert. Nadelwälder (Tannen, Fichten, Kiefern, Lärchen) lösen Laubwälder ab, wie man sie aus tieferen Regionen kennt. An der oberen Grenze der Nadelwälder bilden Büsche und verkrüppelte Bäume den Übergang zur Graslandschaft. Auf den Almen findet man nur noch krautartige Pflanzen. Weiter oben schließen sich Geröllhalden mit Kieselsteinen an, die aus den Endmoränen der Gletscher stammen. Pflanzen werden dort immer seltener; man findet nur noch hier und da ein Pflanzenpolster.

Flechten und Moose, die sich in den Felsspalten festsetzen, findet man neben einigen „Pionierpflanzen" bis an die Grenze des ewigen Schnees. Die Ähnlichkeit zwischen der Pflanzenwelt der Gebirge und der des Hohen Nordens ist erstaunlich. Den hoch gelegenen Nadelwäldern entspricht die sibirische und kanadische Taiga, die Almen ähneln der Tundra. Das niedrige Wachstum der Pflanzen erklärt sich durch die starke Sonneneinstrahlung, die geringe Bodentiefe und die sehr niedrigen Durchschnittstemperaturen. Die Zeit des Jahres mit regem Leben verringert sich im Gebirge, je höher man kommt. Auf Höhen, auf denen es länger als 6 Monate schneit, sind die meisten Pflanzen zweijährig oder langlebig. Dort sind die Pflanzen selten, die ihren Vermehrungskreislauf innerhalb eines Jahres beenden. Der Farbenreichtum der Bergpflanzen ist überwältigend. Im Juni und Juli leuchten die Almen in einem lebendigen Blau, in dunklem Rosa, in Orange und einem leuchtenden Gelb.

Eine fremde Tierwelt

Einige Insekten können als letzte Vertreter der Tierwelt auf den eisigen Schneeflächen der höchsten Gipfel überleben. Diese Schneeflöhe und andere Tierchen fühlen sich bei Temperaturen unter oder nahe 0°C wohl. Ihre Nahrung besteht im wesentlichen aus Blütenstaubkörnchen, die der Wind auf die Gipfel trägt. Auf geringeren Höhen verläuft der Lebensrhythmus der Kaltblütler langsamer: So gibt es pro Jahr nur eine Schmetterlingsgeneration und nicht zwei wie in der Ebene. Der Schutz gegen die ultra-violetten Strahlen und das schnelle Ansteigen der Tagestemperaturen wird teilweise durch eine Dunkelfärbung der Körperoberfläche gewährleistet. Zahlreiche Insekten sind schwarz, und die gleiche Erscheinung findet man auch bei den Reptilien.

Im Vergleich zur Vielfalt der Bergvögel gibt es sehr wenig Bergsäugetiere. Außer einigen Huftieren (Gemsen, Steinböcke, Schneeziegen, Tahr, Yak, Vikunas etc.) überwiegen die Nagetiere und andere kleinwüchsige Arten. Viele entziehen sich der winterlichen Kälte durch den Winterschlaf; andere steigen in die Täler hinunter, und nur wenige können sich der Kälte aussetzen, weil sie sich den Gegebenheiten anpassen (dickeres Fell etc.).

Die Vögel sind zahlreich, aber auf diesen Höhen hängt ihr reiches Vorkommen von der Jahreszeit ab. Im Winter führen nur wenige Arten ihr Leben auf großer Höhe weiter. In den Nadelwäldern überwintern jedoch zahlreiche Meisen, Goldhähnchen, Hühnervögel und Finken, die durch die Bäume gegen den Wind geschützt sind. Außerdem finden sie dort ständig Samenkörner und Insekten, die unter Rinden und grünen Blättern (die „Nadeln" der Tannen und Fichten) versteckt sind.

Impreso en los talleres de FHER, S. A. - Bilbao (España)

PRINTED IN SPAIN